www.ingramcontent.com/pod-product-compliance
Lightning Source LLC
Chambersburg PA
CBHW041101070526
44579CB00003B/42

نبات و زرافه

این داستان: رشد

نویسنده: نغمه کشاورز

بابای **نبات** کوچولو مدیر یک باغ‌وحش بود.
زرافه‌های آن باغ‌وحش به تازگی یک بچه زرافه کوچولو به دنیا آورده بودند و **نبات** هر روز به قفس زرافه‌ها می‌رفت تا به زرافه کوچولو غذا دهد.

زرافه هر روز بلندتر و بلندتر می شد و نبات دیگر نمی توانست به او غذا بدهد.
چون قد زرافه خیلی از نبات بلندتر شده بود.

یك روز صبح وقتی نبات صبحانه‌اش را خورد، از مادر خواست که پنج عدد تخم مرغ دیگر برای نبات درست کند اما مادر بسیار تعجب کرد.

V

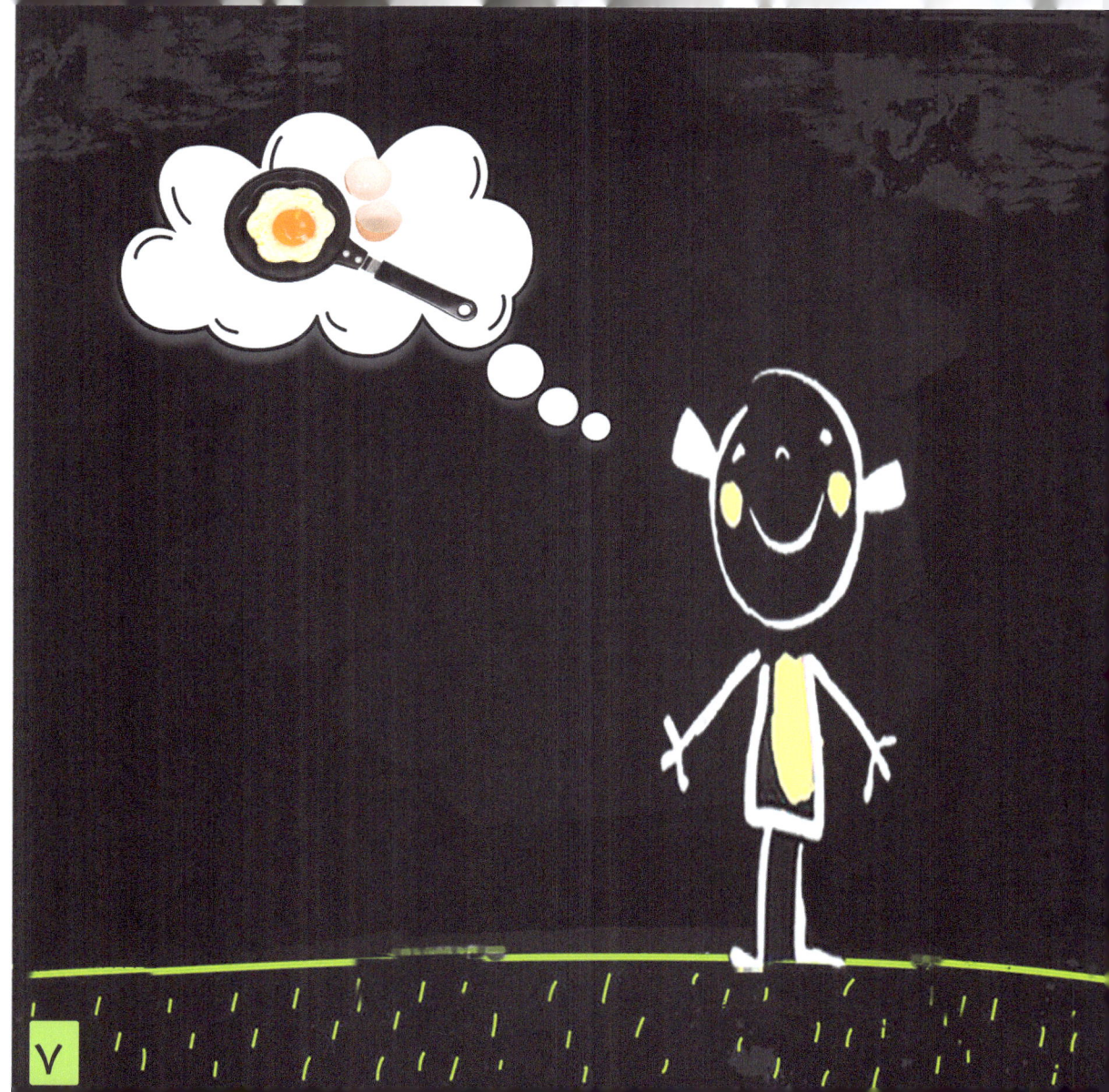

مادر پرسید: "آیا مطمئن هستی که می توانی همه تخم مرغ ها را بخوری."

نبات گفت : "آخر میخواهم سریع بزرگ شوم چون بچه زرافه خیلی از من بزرگ تر شده است و قدش از من بلندتر است و من دیگر نمی توانم به او غذا بدهم."

مامان خندید و گفت: "اما تو نمی توانی هم قد او شوی. حتی اگر خیلی هم غذا بخوری."

"می دانی چرا؟"

مادر ادامه داد: " همه موجودات اندازه هم رشد نمی کنند. یک پرنده هر چه هم غذا بخورد قدش به اندازه تو نمی شود و تو هم اگر زیاد غذا بخوری به اندازه زرافه بلند نمی شوی.

نبات گفت : ″پس چرا هر روز به من می گویی که غذا بخور تا بزرگ بشی″

پایان

خانه انتشارات کیدزوکادو

اولین انتشارات فارسی زبان خارج از کشور

قصه های نبات یک مجموعه ده تایی داستانی است

برای کودکان (۲ تا ۸ سال)

که توسط مشاور روانشناسی و فرزندپروری

بر اساس اصول رفتار شناسی مدرن نوشته شده است.

www.kidsocadopublishinghouse.com

نبات و بادبادک

این داستان: بادبادک نبات را باد برد اما او خوشحال بود

نویسنده: نغمه کشاورز

نبات و چشم‌های قرمزش

این داستان: بازی زیاد با کامپیوتر

نویسنده: نغمه کشاورز

نبات شیرین و ریختن شیر کاکائو

این داستان: بخشش

نویسنده: نغمه کشاورز

نبات و گل سخن‌گو

این داستان: به اشتراک گذاشتن اسباب‌بازی

نویسنده: نغمه کشاورز

نبات و شیرین

این داستان: همدردی

نویسنده: نغمه کشاورز

نبات
و
زرافه
این داستان: رشد
نویسنده: نغمه کشاورز

نبات
و
عسل
این داستان:
من زمین را دوست دارم
نویسنده: نغمه کشاورز

نبات
و
آب گلابی
این داستان:
فکر کردن
نویسنده: نغمه کشاورز

نبات
و
عسل
این داستان:
من زمین را دوست دارم
نویسنده: نغمه کشاورز

نبات
و کتاب
این داستان:
شیر یا خط
نویسنده: نغمه کشاورز